AF429635

Colección Voluta

Editorial Cazam Ah
www.cazamah.com
info@cazamah.com
(502) + 22517770
15 calle 9-18 zona 1, Guatemala
Guatemala, Centroamérica

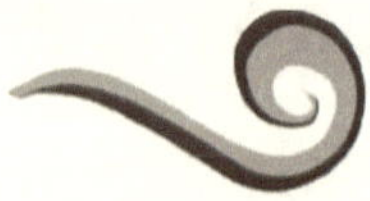

La colección Voluta está compuesta por obras literarias latinoamericanas y contemporáneas que la editorial Cazam Ah promueve y respalda.

Equipo: Bryan Vindas Villarreal (autor), Mariela Castañón (prologuista), Javier Martínez (director de la colección y editor), Luis Villacinda (diseño de portada) e imágenes: Bryan Vindas Villarreal (imágenes interiores), Pexels.com, Pixabay.com, WikiCommons y http://www.vecteezy.com / Nightwolfdezines & Camellie

Editorial Cazam Ah
Guatemala, 2021
Impreso en Guatemala

Bryan Vindas Villarreal

Niñas de papel

www.cazamah.com

Índice

Prólogo

La fuerza de las niñas del Hogar Seguro

Mariela Castañón

Niñas de papel, del dramaturgo Bryan Vindas Villareal, es hasta hoy la obra más humana, respetuosa y empática que surgió después del incendio del 8 de marzo de 2017 (irónicamente durante el Día Internacional de la Mujer) en el Hogar Seguro Virgen de la Asunción, que provocó la muerte de 41 niñas y dejó heridas gravemente a 15.

La obra, explícita y clara, refleja los abusos que sufrieron las niñas antes de la tragedia, así como el dolor de las familias en el desgastante camino para la entrega de los cuerpos y la deshumanización con que fueron tratadas. Además, detalla la responsabilidad de los funcionarios de Estado que permitieron que murieran.

Bryan, con un genuino interés por darles voz a las niñas del Hogar Seguro, describe la fortaleza que tuvieron hasta el último momento de su vida, pero también nos permite sentir el dolor y el sufrimiento de las adolescentes que estaban invisibilizadas por el Estado y por la sociedad.

Desde 2010, el Hogar Seguro Virgen de la Asunción albergaba a niñas, niños y adolescentes que necesitaban protección estatal por violencia en sus hogares, trata de personas, pobreza, reclutamiento forzoso de pandillas y otros motivos. Los jueces tenían la última palabra para ordenar la institucionalización de la niñez y adolescencia. Sin embargo, en el Hogar Seguro existían diferentes denuncias de trata de personas en la modalidad de explotación sexual, violaciones sexuales, violencia psicológica, comida con gusanos, golpes físicos, castigos inhumanos en «la bartocha», un espacio reducido donde colocaban a los niños y niñas para «reflexionar por su mal comportamiento». Los niños describían «la bartocha» como un espacio de sufrimiento, donde pasaban varios días encerrados y hacinados, donde también hacían sus heces fecales y eran obligados a comérselas: un escenario que permite entender que el incendio solo fue el detonante de una serie de abusos y violencias sistemáticas.

Durante dos años, antes del incendio en el Hogar Seguro, realicé una cobertura periodística amplia de lo que ocurría en ese lugar, el cual estaba a cargo de la Secretaría de Bienestar Social de la Presidencia. Hablé con las niñas y niños internos y exinternos, así como con madres de familia, busqué denuncias, acciones, exigí respuestas de las autoridades, pero percibía que a nadie le importaba lo que pasaba.

En esta magnífica obra, Bryan Vindas Villareal nos describe la historia de un castillo en llamas y unas niñas hechas de papel, una pesadilla y un lugar cercano sobre una montaña de fuego, un castillo rodeado por un espeso bosque de lamentos y un río hecho de las lágrimas de muchos niños. El relato de Bryan se adapta perfectamente a esa realidad dolorosa y al sufrimiento de la niñez del Hogar Seguro. Puedo decir con propiedad que este texto trasmite lo escuchado y hablado con los niños y niñas que estuvieron internados en ese espacio estatal.

La obra también transmite la fortaleza de las niñas valientes que pagaron con su propia vida al alzar la voz para exigir respeto y fin a la violencia física, psicológica y sexual que sufrían. Ellas nos dejaron una lección a todos: que la indiferencia y la normalización a la violencia contra las niñas, niños y adolescentes tienen consecuencias nefastas para el país. La pérdida de 41 vidas en esas circunstancias todavía es un evento difícil de asimilar. Las preguntas persisten: ¿Se pudo evitar? ¿Por qué no investigaron oportunamente? ¿Por qué no actuaron? ¿Por qué a nadie le interesaba? ¿Por qué las autoridades no quisieron escuchar?

Bryan logró con su obra, creada con respeto y empatía, que en los últimos dos años, durante cada conmemoración del Día Internacional de la Mujer (8 de marzo) y de la Eliminación de la Violencia contra la

Mujer (25 de noviembre), guatemaltecos de diferentes edades conocieran por medio de *Niñas de papel* la tragedia y su contexto, sin criminalización ni estigmatización.

Creo firmemente que *Niñas de papel* es un legado para Guatemala que nos deja el talentoso y admirable Bryan Vindas Villareal, a quien considero un dramaturgo ético que no buscó lucrar con la tragedia, sino que tuvo un genuino interés era darles voz a las niñas muertas y heridas. Este legado nos permite abrir los ojos y el alma, exigir que el dolor de las 41 niñas muertas y de las 15 heridas no quede impune y que la justicia se aplique no solo a quienes tuvieron responsabilidad en el incendio, sino a todos aquellos que no han sido procesados por violentar el cuerpo y el alma de la niñez, así como a aquellos que, teniendo las herramientas para investigar las denuncias previas al incendio, no lo hicieron.

Dedicatoria

A las 56 niñas del incendio en el Hogar Seguro Virgen de la
Asunción.
8 de mayo del 2017, Guatemala.
¡Que no haya impunidad!

Fotografía del altar construido en memoria de las niñas asesi-
nadas en el Hogar Seguro Virgen de la Asunción. Zócalo de la
Ciudad de Guatemala. 2 de julio de 2017

12

Personajes

Bruja

Voz en *off* de mujer

Voz en *off* de hombre

Voz en *off* de reportera

Hombre

Niña de papel 1

Niña de papel 2

Niña de papel 3

Hombre 1 unido por el torso

Hombre 2 unido por el torso

Mamá 1

Mamá 2

Mamá 3

Hombre sin manos

Abuela

Acusada 1 con cabeza de perro

Acusada 2 con cabeza de perro

Acusado 3 con cabeza de perro

Acusado 4 con cabeza de perro

Acusada 5 con cabeza de perro

Reportero

14

Niñas de papel

En memoria del crimen de las niñas del Hogar Seguro Virgen de la Asunción, 8 de marzo del 2017

[El espacio escénico está conformado por tres frentes de color blanco. Una telaraña cubre la parte superior del escenario; de ella se pueden observar, colgando, figuras de papel con forma de niña. Las butacas del teatro y el suelo están cubiertos de ceniza. Mientras ingresa el público, se escucha una melodía tétrica de cajita musical. Se observa a la Bruja deambulando en las butacas mientras esparce cenizas. Una vez sentado el público se vislumbra a la Bruja caminar hasta un nido que se encuentra en el centro del escenario. La Bruja lleva su rostro tapado con vendas.]

Bruja [al público]: ¡Buenas noches, mis pequeños y pequeñas! Presten muchísima atención: yo soy la voz del dolor, del miedo, del odio y del silencio; y esta noche les voy a contar la historia de un castillo en llamas y unas niñas hechas de papel. Este cuento lo escuché en medio de las cenizas, al igual que ustedes lo escuchan ahora. Yo he limpiado las heridas de esta historia, curado sus quemaduras y le he arrancado la piel muerta, todo para poder contársela a ustedes. Así que, por favor, escúchenla. [Sobre las paredes blancas se proyectan dibujos que ilustran la historia que relata la Bruja.] Érase una vez una pesadilla que nunca fue una pesadilla, en un lugar muy, muy cercano; sobre una montaña de fuego había un castillo muy grande. Con la luz del sol, el castillo se veía hermoso, resplandecía, era un sueño verlo brillar, igual que brillan las más hermosas mentiras. Por la noche, cuando la luz del sol no se reflejaba en él, era oscuro y tétrico, oculto entre sombras de dolor. De sus enormes paredes, rodeadas por un espeso bosque de lamentos y un río de lágrimas, surgían pequeños hilos de sangre. Dicen que en ese castillo vivían las niñas hechas de papel, niñas muy fuertes, niñas con sueños y cicatrices en sus cuerpos; en sus ojos convivía la tristeza con la fortaleza, el dolor y la soledad, niñas que, a pesar del sufrimiento, sonreían. Cerca del castillo había un pueblo y, desde ese pequeño pueblo, se podían escuchar los lamentos de las niñas de papel. Algunos aldeanos decían que, en realidad, ellas cantaban llenas de felicidad; otros, muy pocos, que las voces pedían auxilio.

[Lentamente, la luz desciende. La Bruja queda iluminada tenuemente, apenas perceptible; solo el público nota su presencia. Termina la proyección que ilustra el cuento. Cambio de luz. Se ilumina a un hombre sentado en una pequeña silla, la cual se ve claramente deteriorada, como si hubiera sobrevivido un incendio.]

Voz en *off* de mujer: ¡Buenas noches!

Hombre: ¡Buenas noches!

Voz en *off* de mujer: ¿Cómo está usted?

Hombre [duda]: Estoy bien

Voz en *off* de mujer: ¿Quiere un vaso de agua? ¿Un café? ¿Un té?

Hombre: No.

[Silencio]

Voz en *off* de mujer: ¿Sabe por qué está aquí?

Hombre: No.

Voz en *off* de mujer: ¿Usted estuvo presente el día del feminicidio? ¿El ocho de marzo?

Hombre: ¿Feminicidio? ¿Qué es eso?

Voz en *off* de mujer: El incendio en el Hogar Seguro, donde quemaron a las 56 niñas.

Hombre: No, yo no estaba cerca de ahí.

Voz en *off* de mujer: ¿Está seguro?

Hombre: Sí.

Voz en *off* de mujer: Tenemos el testimonio de uno de los testigos, en donde dice haberlo reconocido a usted en el lugar de los hechos.

Hombre: Está mintiendo.

[Se proyecta una fotografía. En ella se observa al hombre en medio de un mar de personas curiosas, quienes tienen el mismo rostro del hombre.]

Voz en *off* de mujer: ¿Es usted el de la foto?

[Silencio]

Hombre: ¿El ocho? ¡Ah, sí, sí, sí; el ocho, sí, yo estaba por ahí! No le había entendido que era el ocho. Sí estaba por ahí, pero yo solo iba pasando porque iba hacia mi trabajo. Vi el incendio y me acerqué, como todos los demás, para ver qué se estaba quemando. Había bastantes personas, yo no era el único ahí.

[Mientras la escena avanza, la fotografía parece deteriorarse lentamente, como si el tiempo carcomiera la imagen.]

Voz en *off* de mujer: ¿Qué hacía usted ahí? ¿Estaba ayudando a apagar el incendio?

Hombre: Quería ayudar, como le digo, pasé por ahí y el fuego me llamó la atención, a mí y a las demás personas; todos estábamos confundidos, no sabíamos que ahí había niñas encerradas, si no… [Pausa] yo hubiera tratado de…, no s…

Voz en *off* de mujer: ¿Qué fue lo que vio?

Hombre: Le digo que solo iba pasando, yo estab…

Voz en *off* de mujer: ¡Sí, ya lo dijo: usted solamente observaba! ¡Eso está claro! Lo que nos interesa es saber lo que vio.

[Un hilo de sangre empieza a gotear desde la telaraña y cae sobre la cabeza del hombre sentado en la silla.]

Hombre: No lo sé: yo llegué y el lugar se estaba quemando. Y, luego, no sé nada más. Sé lo que todos andan diciendo por ahí y eso es todo.

Voz en *off* de mujer: ¿Qué es lo que andan diciendo por ahí?

Hombre: Lo que usted ya sabe.

Voz en *off* de mujer: ¡Dígalo en voz alta!

Hombre: Lo que todos ya saben, pero de lo que nadie quiere hablar. Yo tampoco quiero hablar de eso; si usted me trajo para hablar, prefiero irme. ¿Me puedo ir?

Voz en *off* de mujer: ¿Tiene miedo?

Hombre: Es mejor hacer como si nada hubiera pasado y pensar que esas niñas también fueron víctimas de la violencia en este país. Para usted, ¿cuál es la diferencia entre esas niñas que se quemaron y las mujeres que mueren todos los días en las calles? [Pausa] Usted me pregunta si tengo miedo… Tengo miedo. ¡Por supuesto que tengo miedo!

[Silencio]

Hombre: El miedo me mantiene alerta y me ayuda a sobrevivir en esta ciudad.

[Silencio]

Hombre: Yo soy un cobarde porque cuando cruzo el parque prefiero no mirar el altar de las niñas; porque si lo hago, [Pausa] voy a tener que hacer algo para que esos asesinatos no queden impunes. No venga usted a interrogarme, si no conoce las calles de este país, no me haga sentir mal de que tenga miedo porque yo veo el miedo en sus ojos. ¡Usted tiene mucho miedo: tiene más miedo que yo!

[El ritmo de la gota de sangre que cae en la cabeza se incrementa.]

Voz en *off* de mujer: ¿Qué les sucedió a las niñas?

[Silencio]

Hombre: Cuarenta y un niñas murieron quemadas [Pausa] …las quemaron. Escuché que quince sobrevivieron y que están muy delicadas. A algunas les amputaron partes de su cuerpo, la piel de esas niñas…

Voz en *off* de mujer: ¿Quién lo hizo?

[La fotografía está casi deteriorada y las personas en ella son irreconocibles.]

Hombre: ¡Usted está mal! Está viendo lo que ellos quieren que vea.

Voz en *off* de mujer: ¿Quiénes son ellos?

Hombre: Los que tienen el poder en este país: los que son intocables. Usted no es idiota, usted sabe de quiénes hablo. Esas niñas son una caja china: aquí nadie quiere que haya impunidad, pero tampoco ven más allá, no ven el verdadero problema.

Voz en *off* de mujer: ¿Cuál es el verdadero problema?

[Silencio]

Hombre: La trata de personas. La trata de personas que ahí pasaba, continúa pasando y seguirá pasando…

[Silencio]

Voz en *off* de mujer: ¿Esas niñas eran abusadas? ¿Eran
  parte de una red de trata de personas?

Hombre: ¡Usted no es idiota! ¡Nosotros en este país
  no somos idiotas! Hace años hubo denuncias
  sobre los abusos que recibían las niñas en ese
  lugar, denuncias sobre prostitución, drogas y
  agresiones. Hace cuatro años se denunció a un
  jardinero que abusó de una de las niñas; las
  autoridades dijeron que fue un caso aislado.
  Luego, el jardinero fue despedido. ¿Por qué
  lo despidieron? Ese lugar nunca fue seguro…
  ellas se escaparon de ahí porq…

[La sangre gotea con mayor velocidad.]

Hombre: Todos sabíamos lo que ahí pasaba, [Pausa]
  pero ninguno de nosotros hizo nada. El día
  siete, ellas se escaparon; lo hicieron porque no
  soportaban más abusos [Pausa]. El día siete yo
  estaba en mi casa, vivo cerca de ese lugar, estaba a punto de dormirme, cuando escuché gritos
  afuera: eran las niñas. Se escondían, huían y
  entonces los pude ver. Los habían enviado,
  eran cien, eran como perros cazándolas, los habían enviado para llevarlas de regreso. Yo los
  vi por la ventana, vi cómo las agredían: eran
  violentos, como si ellas fueran criminales. Una
  de las niñas se había escondido cerca de mi

ventana; yo tenía la luz apagada, no quería que esos perros me vieran, pero ella sí lo hizo: me miró a los ojos, con su mirada me pidió ayuda, me suplicó ayuda, pero yo no hice nada. Tengo miedo porque si hablo, ellos también vendrán por mí, me harán desaparecer. Ellos son perros, fantasmas, demonios y hadas. Ellos son los que viven debajo de la cama, los que duermen en las pesadillas, los que comen corazones de niños [Pausa] y ahora caminan a la luz del día porque ya no nos tienen miedo.

[Silencio]

Voz en *off* de mujer: ¿Qué pasó después?
Hombre: Volvieron a encerrar a las niñas y ahí las quemaron.

[La sangre deja de caer. El hombre sentado sobre la silla está totalmente cubierto de sangre.]

Hombre: El fuego del altar es sanador. Yo antes no creía en el altar, ahora lo entiendo como una necesidad… [Pausa] para sanar.
Voz en *off* de mujer: El fuego fue lo que las mató; no fue un disparo, no las desaparecieron: el fuego las mató.
Hombre: Es verdad, pero si no hubiera sido por el fuego, a nadie le hubieran importado. [Pausa] Si no hubiera sido por el fuego, tal vez ni usted

ni yo estaríamos hablando de esto; tal vez ellas serían solamente una estadística más de la violencia en este país, algo normal. Una vez vi una obra de teatro donde aconsejaban a las mujeres gritar «fuego» si un hombre quería abusar de ellas en la calle; donde les aconsejaban gritar «fuego» porque si ellas gritan que es un asalto o que las están violando, nadie se acercará por miedo, pero si gritaban «fuego», las personas llegarán para observar, todos queremos ver cómo algo… [Pausa] o alguien que se quema.

[Silencio]

Hombre: ¿Puedo irme?

[La fotografía se ha deteriorado por completo. Termina la proyección. El hombre se levanta y sale. Al salir se cruza con la Bruja, parece reconocerla; luego, huye de ella. Cambio de luz. La Bruja trata de limpiar la sangre con sus manos.]

Bruja [al público]: Ellos llegaron olfateando, como perros, [Pausa] buscaban el dolor, las lágrimas y los gritos que nadie más quería escuchar. Se aprovecharon de eso y, en medio de la luna llena, ellos… [Pausa] ¡Aún hoy sigo escuchando sus aullidos!

[Se proyecta el video de una Reportera. Ella lleva cocida su boca. El video contiene subtítulos para entender lo que trata de decir.]

Reportera [en subtítulos]: Hoy fueron capturados los
responsables directos del incendio en el Hogar
Seguro. Ellos estuvieron presentes la noche
que se decidió encerrar a las niñas en el aula,
donde ocurrió el lamentable hecho. Los acusados dicen haberlas encerrado como medida
de control y castigo por haberse amotinado e
intentado fugarse.

[Termina la proyección. Entran tres niñas. Están de
pie frente al escenario mirando al público. Están
descalzas, tienen fundas de almohadas que cubren sus
rostros; sobre las fundas hay rostros dibujados. Los dibujos parecen haber sido hechos por ellas mismas. Sus
ropas se ven visiblemente quemadas y sucias. Se ilumina el resto del escenario y se descubre que las niñas
están en el interior de un nido, rodeadas de objetos.]

Ninguna de nosotras va a regresar a este lugar.

Niña de papel 1: ¡Mamá, hoy nos dieron comida descompuesta!

Niña de papel 2: Una de mis amigas dice que su comida tenía gusanos; no sé si es verdad, pero mi plato estaba sucio y olía muy mal.

Niña de papel 3: Mis frijoles tenían una baba blanca, ya estaban malos, pero me hicieron comerlos como castigo.

Niña de papel 1: ¡Yo no quiero estar aquí!

Niña de papel 2: ¡Yo no quiero estar aquí!

Niña de papel 3: ¡Yo no quiero estar aquí!

Niña de papel 1: ¡Mamá, sáqueme de aquí!

Niña de papel 2: ¡Mamá, sáqueme de aquí!

Niña de papel 3: ¡Mamá, sáqueme de aquí!

Niña de papel 1: ¡Yo te prometo que me voy a portar bien, por favor, sáqueme de aquí!

Niña de papel 2: ¡Yo te prometo que me voy a portar bien, por favor, sáqueme de aquí!

Niña de papel 3: ¡Yo te prometo que me voy a portar bien, por favor, sáqueme de aquí!

[La Bruja se acerca al nido y saca objetos de su interior.]

Niña de papel 1: Hoy me pegaron.

Niña de papel 2: Una de las niñas más grandes me pegó en la esquina.

Niña de papel 3: Mientras las otras niñas miraban.

Niña de papel 1: Me pegaron y la monitora no hizo nada.

Niña de papel 2: ¡Nadie hizo nada!

Niña de papel 3: ¡Nadie quiso hacer nada!

Niña de papel 1: ¡Yo no quiero estar aquí!

Niña de papel 2: ¡Yo no quiero estar aquí!

Niña de papel 3: ¡Yo no quiero estar aquí!

Niña de papel 1: Una noche, a una de mis amigas la vinieron a buscar…

Niña de papel 2: Le dijeron que la iban a sacar a pasear…

Niña de papel 3: Cuando mi amiga regresó…

Niña de papel 1: Me dijo que la habían llevado a una habitación…

Niña de papel 2: En la habitación había una cama…

Niña de papel 3: Una cama con sabanas sucias…

Niña de papel 1: Entró un hombre mayor…

Niña de papel 2: Mi amiga dice que le inyectaron algo
en el cuello…

Niña de papel 3: Y ella se durmió.

Niña de papel 1: Yo le creo a mi amiga.

Niña de papel 2: Le creo, porque ella lloró con mucha
vergüenza cuando me lo contó.

Niña de papel 3: Cuando despertó, el hombre mayor
estaba desnudo.

Niña de papel 1: Mi amiga también estaba desnuda.

Niña de papel 2: El hombre mayor estaba durmiendo
junto a ella.

Niña de papel 3: Ella trató de cubrirse con las sabanas
sucias.

Niña de papel 1: ¡Ya no aguantamos más y por eso
nos vamos a escapar!

Niña de papel 2: ¡Ya no aguantamos más y por eso
nos vamos a escapar!

Niña de papel 1: ¡Ya no aguantamos más [Pausa] y
por eso nos vamos a escapar!

[Luego de haber sacado todos los objetos, la Bruja
lucha con todas sus fuerzas para desarmar el nido.]

Niña de papel 1: ¡Yo ya no puedo estar aquí!

Niña de papel 2: ¡Aquí nos manosean!

Niña de papel 3: ¡Nos lastiman!

Niña de papel 1: ¡Nos duele mucho!

Niña de papel 2: ¡Nos duele mucho!

Niña de papel 3: ¡Nos duele mucho!

Niña de papel 1: ¡Ya no puedo dormir por las noches!

Niña de papel 2: Por las noches, hablamos en voz baja.

Niña de papel 3: Si ellos se dan cuenta que estamos despiertas…

Niña de papel 1: Entran en la habitación y…

Niña de papel 2: ¡Somos fuertes!

Niña de papel 3: ¡No somos niñas de papel!

Niña de papel 1: ¡Somos mujeres fuertes!

Niña de papel 2: ¡Somos guerreras!

Niña de papel 3: ¡Ya tenemos todo preparado!

Niña de papel 1: ¡Mañana nos escaparemos!

Niña de papel 2: ¡Tenemos miedo!

Niña de papel 3: ¡Tenemos mucho miedo!

Niña de papel 1: Pero estamos juntas.

Niña de papel 2: Y vamos a escapar todas juntas.

Niña de papel 3: Cuando estemos afuera…

Niña de papel 2: Todas vamos a correr.

Niña de papel 3: ¡Somos muchas!

Niña de papel 1: ¡Ellos, pocos!

Niña de papel 2: ¡No pueden atraparnos a todas!

Niña de papel 3: ¡No pueden atraparnos a todas!

Niña de papel 1: ¡No pueden atraparnos a todas!

Niña de papel 2: ¡Vamos a salir de aquí!

Niña de papel 3: Y nunca vamos a regresar.

Niña de papel 1: Y nunca vamos a regresar.

Niña de papel 2: ¡Ninguna de nosotras va a regresar a este lugar!

Niña de papel 3: ¡Ninguna de nosotras va a regresar a
       este lugar!

[La Bruja logra desarmar el nido. Luego, observa a las
niñas y trata de contener el llanto.]

Niña de papel 1: ¡Todo va a salir bien!
Niña de papel 2: ¡Todo va a salir bien!
Niña de papel 3: ¡Todo va a salir bien!

[Las niñas salen. En contra escena entran dos hombres
unidos por el torso y conversan por teléfono entre sí.]

Hombre 1 unido por el torso: ¡Buenas noches señor!
       ¡Disculpe que lo moleste a esta hora, pero te-
       nemos un problema!
Hombre 2 unido por el torso: ¿Qué problema?
Hombre 1 unido por el torso: Varias niñas del Hogar
       se escaparon.
Hombre 2 unido por el torso: ¿Cuántas?
Hombre 1 unido por el torso: Es un grupo grande.

[Silencio.]

Hombre 1 unido por el torso: ¡Tengo miedo, señor!
       ¡Miedo de que salga en las noticias! ¡Tengo
       miedo que esas niñas hablen!
Hombre 2 unido por el torso: ¡Resuelva la situación!
Hombre 1 unido por el torso: ¿Usted puede autorizar
       cien unidades?
Hombre 2 unido por el torso: ¡Envié la cantidad que

usted crea necesaria: yo lo autorizo! Necesito que la situación esté controlada antes del amanecer.

Hombre 1 unido por el torso: ¡Sí, señor!

Hombre 2 unido por el torso: ¡No necesito dejar en claro que esta operación debe ser discreta, ¿verdad?!

Hombre 1 unido por el torso: ¡Está muy claro, señor!

Hombre 2 unido por el torso: Una cosa más: habrá consecuencias para usted, por su inoperancia, pero primero necesito que resuelva esta situación.

Hombre 1 unido por el torso: ¡Sí, señor!

Hombre 2 unido por el torso: ¿Está claro?

Hombre 1 unido por el torso: ¡Sí, señor!

[La llamada telefónica termina. Los dos hombres unidos por el torso salen. La Bruja camina hasta el centro del escenario y le habla directamente al público. Simultáneamente se proyectan los dibujos que continúan ilustrando el cuento que ella narra. Se escucha la melodía de la caja musical.]

Bruja [al público]: Una noche, las niñas de papel decidieron escapar. Lograron escalar las murallas del castillo y cruzar el río de lágrimas; algunas iban heridas, sin zapatos, pero todas muy felices. Corrieron hasta perderse en el bosque, confiaban en que ahí nunca las iban a encontrar. Las niñas de papel sonreían porque nunca más iban a regresar: serían libres, nadie

las volvería a tocar ni a dibujar cicatrices sobre sus cuerpos de papel, nadie las volvería a
lastimar. ¡Pero estaban equivocadas! En medio
del silencio, ellas escucharon los aullidos de
los perros. La luz de la luna los iluminó: unida-
des de caza que iban olfateando detrás de ellas.
Las cazaban y lentamente las atrapaban. Dicen
que algunas niñas sí lograron escapar, dicen
que otras aún están desaparecidas. Lo que sí es
cierto, es que esa noche las capturaron y, luego,
las llevaron de regreso al castillo, donde fueron
quemadas vivas.

Plaza de la Constitución. Ciudad de Guatemala, 2 de julio de 2017

[Entran a escena cinco acusados, todos tienen cabeza de perro.]

Voz en *off* de hombre: ¡Buenas días! Hoy estamos asistiendo a la primera declaración de los cinco detenidos por el caso de las 56 niñas. La primera en declarar es la acusada número uno.

Acusada 1 con cabeza de perro: ¡Buenos días!

[En escena, la Bruja deambula entre los acusados. Solamente el público la puede ver.]

Voz en *off* de hombre: ¿Qué tipo de maltratos recibían las niñas?

Acusada 1 con cabeza de perro: Ninguno, ellas no eran maltratadas en el centro.

Bruja [al público]: ¡Mentira! Ella nos hacía ir de rodillas al comedor. Ella se creía la dueña. Se portaba mal con nosotras.

Voz en *off* de hombre: Tenemos varios testimonios en donde podemos leer que usted obligaba a hacer sentadillas a las niñas y a correr cuando se portaban mal. ¿Es cierto?

Acusada 1 con cabeza de perro: Bueno, yo no considero que eso sea maltrato. Yo trataba de enseñarles disciplina. Usted no lo puede entender, no puede entender cómo se comportaban. Ellas se portaban muy mal. Yo pienso a futuro, lograr reinsertarlas en la sociedad era uno de mis objetivos, que crecieran como mujeres fuertes y educadas.

Voz en *off* de hombre: En su tono noto que usted habla del Hogar como si fuera una correccional y no lo era. Se supone que era un hogar, ellas no eran criminales.

Acusada 1 con cabeza de perro: Usted no estaba ahí; algunas se comportaban como si fueran criminales.

Bruja [al público]: ¡Mentira!

Voz en *off* de hombre: ¿Cómo se comportaban?

Acusada 1 con cabeza de perro: Ellas eran violentas, causaban problemas.

Voz en *off* de hombre: ¿Qué clase de problemas?

Acusada 1 con cabeza de perro: Rompían vidrios, tiraban piedras. Yo admito que ya no les suministrábamos champús ni zapatos y creo, sinceramente, que eso las hacía estar inconformes, pero no era mi culpa.

Voz en *off* de hombre: ¿Por qué no podían seguir suministrando esas necesidades tan básicas?

Acusada 1 con cabeza de perro: Teníamos otros gastos. Usted sabe, siempre hay gastos y debíamos cubrir otras necesidades. La comida fue un problema: tuvimos que cambiar de proveedor y la calidad de la comida bajó un 70%.

Voz en *off* de hombre: Si ustedes contaban con un presupuesto para cubrir esos gastos básicos y no lo hicieron, ¿en que lo gastaron?

Acusada 1 con cabeza de perro: Me niego a responder.

Voz en *off* de hombre: Si sabían que la calidad de la comida había bajado, ¿por qué no cambiaron de empresa? ¿No era su obligación ofrecer una mejor calidad en la alimentación de esas niñas?

Acusada 1 con cabeza de perro: Me niego a responder.

Voz en *off* de hombre: El día del incendio, ¿usted visitó a las niñas?

Acusada 1 con cabeza de perro: No.

Voz en *off* de hombre: ¿Por qué?

Acusada 1 con cabeza de perro: Me niego a responder.

Bruja [al público]: ¡No le importábamos! ¡Ella también nos dejó morir! ¡Ella es culpable!

Voz en *off* de hombre: ¿Por qué no las visitó, si usted estaba a 100 metros del aula donde estaban encerradas? ¿Usted, como psicóloga, no tenía obligación de ver cómo estaban esas niñas?

Acusada 1 con cabeza de perro: Me niego a responder.

Bruja [al público]: ¡Nos dejó morir!

Voz en *off* de hombre: ¿Usted es consciente de lo que sufrieron las niñas en esa habitación?

Acusada 1 con cabeza de perro: ¡Yo soy inocente! Yo fui la que propuso subirles las colchonetas: lo hice por humanidad.

Voz en *off* de hombre: ¿Las mismas colchonetas que sirvieron como combustible para el fuego?

Acusada 1 con cabeza de perro: Me niego a responder.

[Silencio]

Voz en *off* de hombre: Es todo con la acusada número 1.

[La Bruja toma un extremo de Vla telaraña y lo amarra al cuello de la Acusada 1 con cabeza de perro.]

Voz en *off* de hombre: A continuación pasará a declarar la segunda acusada.

Acusada 2 con cabeza de perro: ¡Me niego a declarar!

[La Bruja toma un extremo de la telaraña y lo amarra al cuello de la Acusada 2 con cabeza de perro.]

Voz en *off* de hombre: El siguiente en declarar es el acusado número 3.

Acusado 3 con cabeza de perro: ¡Buenos días!

Voz en *off* de hombre: ¿Es cierto que fueron solicitados agentes para capturar a las niñas?

Acusado 3 con cabeza de perro: Es cierto. Nosotros no estábamos de acuerdo porque nuestros oficiales no debían involucrarse. Nos dijeron que eran delincuentes peligrosas. Recibimos una llamada y tuvimos que dar la autorización.

Bruja [al público]: ¡No éramos delincuentes!

Voz en *off* de hombre: ¿Cuántos agentes solicitaron?

Acusado 3 con cabeza de perro: Solicitaron 100 agentes.

Voz en *off* de hombre: ¿Quién aprobó la cantidad de 100 agentes? ¿Quién dio esa orden para que fueran autorizados?

Acusado 3 con cabeza de perro: Me niego a responder más preguntas.

[La Bruja toma otro extremo de la telaraña y lo amarra al cuello del Acusado 3 con cabeza de perro.]

Voz en *off* de hombre: ¿El acusado número 4 está dispuesto a declarar?

Acusado 4 con cabeza de perro: ¡No!

[La Bruja luego toma otro extremo de la telaraña y lo amarra al cuello del Acusado.]

Voz en *off* de hombre: Por último, la quinta acusada pasará a declarar.

Acusada 5 con cabeza de perro: Todos ustedes en esta sala me ven, me juzgan y no saben la verdad. No estuvieron ahí, pero yo sí.

Voz en *off* de hombre: Usted tiene razón. Si yo hubiera estado ahí, les hubiera abierto la puerta.

Acusada 5 con cabeza de perro: Yo no soy un monstruo ni una loca. Yo no tenía la llave.

Voz en *off* de hombre: ¿En dónde estaba la llave?

Acusada 5 con cabeza de perro: En la cerradura del candado. ¡Gracias a Dios que estaba ahí; si no, hubiera sido imposible sacarlas!

Voz en *off* de hombre: ¿La llave estuvo en la cerradura del candado mientras las niñas se quemaban y nadie la vio?

Acusada 5 con cabeza de perro: La llave siempre estuvo en la cerradura: fue un accidente. ¿Usted qué está diciendo? ¿Qué yo me puse a contemplar a las niñas mientras se quemaban?

Voz en *off* de hombre: ¿Usted olvidó que la llave estaba en el candado?

Acusada 5 con cabeza de perro: Era un incendio, tuve miedo. Ellas estaban ahí porque lo merecían: se habían fugado la noche anterior, tiraban piedras, quebraban vidrios; eran como criminales, eran niñas muy peligrosas.

Bruja [al público]: ¡Es mentira!

Voz en *off* de hombre: ¡¿Esas niñas ardieron a 300 grados durante nueve minutos porque la llave estaba en la cerradura y usted tuvo miedo de abrirles?! ¡Usted era la responsable de esa puerta, la puerta que evitó que esas niñas salieran! ¡Si usted hubiera abierto esa puerta, esas niñas se hubieran salvado!

Acusada 5 con cabeza de perro: ¡Soy inocente! No fueron nueve minutos, solo fueron cinco.

Voz en *off* de hombre: ¡No, usted no es inocente!

Acusada 5 con cabeza de perro: ¡Soy inocente!

Voz en *off* de hombre: ¡Usted es responsable y tiene que enfrentar las consecuencias!

Acusada 5 con cabeza de perro: ¡Soy una heroína: yo saqué a más de 30 niñas!

Voz en *off* de hombre: ¡Usted es una criminal, pero no es la única culpable!

Bruja [al público]: ¡No habrá impunidad!

[Silencio]

Acusada 5 con cabeza de perro: Cuando entré, tuve miedo de morir por el fuego. Yo saqué a las niñas: su piel se quedaba en mis manos. ¡Si no fuera por mí, no hubiera quedado viva ninguna!

Voz en *off* de hombre: Una última pregunta. Testigos dijeron que usted gritó «¡Si fueron buenas para fugarse, quiero ver que sean tan fibrudas para salirse!». ¿Es cierto? ¿Fue usted? ¿Fue otra oficial en la puerta? ¿Fue una monitora la que gritó eso? ¿Quién fue?

[Silencio]

Acusada 5 con cabeza de perro: Me niego a responder.

[Silencio]

Voz en *off* de hombre: Otro testigo dijo que escuchó cómo le gritaban a las niñas: «¡Qué se quemen esas hijas de puta!». ¿Es eso cierto? ¿Quién lo gritó?

[Silencio]

Acusada 5 con cabeza de perro: Me niego a responder.

[La Bruja sujeta el último hilo suelto de la telaraña y se lo amarra al cuello. Las cuerdas que sujetan los cuellos de los acusados empiezan a tensarse. Los acusados cuelgan de la telaraña. Lentamente se observa cómo se asfixian.]

Voz en *off* de hombre: Cincuenta y seis niñas fueron encerradas en un aula, ahí comenzó un incendio. Se quemaron durante nueve minutos y nadie les abrió la puerta, una puerta con una única llave que nunca apareció. Cuarenta y un niñas murieron ese día, asfixiadas por el humo, amontonadas, tratando de escapar, de respirar; sus cuerpos quemados fueron cubiertos con bolsas de plásticos de color verde, azul y negro. Quince niñas fueron trasladadas al hospital en estado crítico. ¡Eso no fue un accidente! ¡Nosotros no somos idiotas! ¡Los culpables deben pagar!

[Largo silencio mientras los acusados están colgados.]

Bruja [al público]: El fuego nos mató. [Pausa] Luego, nos cubrieron con bolsas porque no soportaban ver lo que ellos mismos nos habían hecho.

Intervención del espacio público realizada por las madres y los ciudadanos de Guatemala que exigen justicia. 2 de julio de 2017

[En contra-escena se ilumina a las niñas. Comienzan a construir un altar en el escenario.]

Niña de papel 1: La puerta estaba cerrada.

Niña de papel 2: A todas nos metieron en una pequeña aula.

Niña de papel 3: No nos dejaban salir.

Niña de papel 2: Una de nosotras quiso ir al baño.

Niña de papel 1: La sacaron, pero rápidamente la regresaron…

Niña de papel 3: Porque dijeron que estaba malo el servicio.

Niña de papel 2: Nos hicieron orinar y defecar en esa aula.

Niña de papel 1: Tratamos de construir las paredes de un baño con los colchones.

Niña de papel 2: ¿Por qué nos dieron colchones?

Niña de papel 3: ¿Cuánto tiempo nos iban a dejar ahí castigadas?

Niña de papel 1: ¿Días?

Niña de papel 2: ¿Semanas?

Niña de papel 3: Debíamos desayunar con el olor a heces y orines.

Niña de papel 1: Era un aula pequeña.

Niña de papel 2: Un aula muy pequeña.

Niña de papel 3: Entonces, apareció el fuego.

[Las niñas colocan flores amarillas alrededor del altar.]

Niña de papel 2: El aula empezó quemarse.

Niña de papel 1: Los colchones se quemaban.

Niña de papel 3: El calor nos quemaba.

Niña de papel 2: El humo nos ahogaba.

Niña de papel 1: Corrimos hacia la puerta.

Niña de papel 3: Gritamos.

Niña de papel 1: Lloramos.

Niña de papel 2: Peleamos.

Niña de papel 3: Pero nadie nos abrió.

Niña de papel 1: Nadie nos abrió.

Niña de papel 2: Nadie nos abrió.

Niña de papel 3: Yo vi a mis amigas morir.

Niña de papel 1: Las vi quemarse.

Niña de papel 2: Las vi sufrir.

[Las niñas encienden una vela en el altar.]

Niña de papel 3: Luego, yo morí.

Niña de papel 1: Yo también morí.

Niña de papel 2: Y yo también morí.

Niña de papel 1: Nadie nos abrió.

Niña de papel 2: Nadie nos quiso abrir.

Niña de papel 3: Todos nos escucharon, pero nadie
     nos quiso abrir.

[Un aroma a flores inunda el escenario. El altar se
mantiene iluminado. Cambio de luz. Un Hombre sin
manos está sentado, sobre su escritorio se observa un
pedazo de carne cruda. Una abuela entra a escena.]

Hombre sin manos: ¡Buenos días!

Abuela: Hola.

Hombre sin manos: ¿En qué la puedo ayudar?

Abuela: Vengo por el cuerpo de mi nieta.

Hombre sin manos: ¿Su nieta?

Abuela: Sí, una de las 56 del Hogar que se quemó.

Hombre sin manos: Sí, entiendo. ¿La puede reconocer?

Abuela: Ya vine a reconocerla, ¿no se acuerda de mí? Mi nieta es una de las tres niñas que tienen en bolsas. La de la bolsita verde. Quiero llevármela para poder enterrarla.

[El Hombre sin manos muerde el pedazo de carne, busca cómo limpiarse la boca y termina utilizando la camisa.]

Hombre sin manos: Aquí vienen muchas personas, no puedo recordarlas a todas. Hay niñas en bolsas verdes, azules y negras. ¿Sabe cuántas bolsas verdes hay? Son muchas. ¿Sabe o no sabe quién es su nieta? Un momento, ya usted me dijo el color de la bolsa, ¿verdad? ¿Es la bolsa verde?

Abuela: Sí.

Hombre sin manos: Muy bien. ¿Me trajo copia de su identificación?

Abuela: Aquí está.

Hombre sin manos: ¿Me trajo una foto suya y de su nieta?

Abuela: Sí.

Hombre sin manos: ¿Me trajo el acta de nacimiento?

Abuela: Sí.

Hombre sin manos: ¿Me trajo el formulario A7364?

Abuela: Sí.

Hombre sin manos: Un documento más. ¿Me trajo la prueba de ADN?

Abuela: Sí.

[El Hombre sin manos revisa el documento. Sostiene el documento con su boca y lo mancha.]

Hombre sin manos: ¡Qué bien, señora, fue rápida! Este documento es caro. Muy bien. Es muy raro que le entreguemos el cadáver a una abuela. Muchas de las niñas que nos traen no tienen familia y nadie las reclama. Voy a hacer una excepción con usted y le voy a entregar hoy mismo a su nieta.

Abuela: Gracias.

Hombre sin manos: Si usted quiere que se le ayude con los gastos de la funeraria, sería en la ventanilla siete y debe apurarse porque cierran a las 2:00 de la tarde los viernes. No se haga ilusiones, escuché que dan una cochinada de dinero y, además, se lo dan de mala gana.

Abuela: Solo vengo por mi nieta.

[Silencio]

Hombre sin manos: Lo lamento, señora, tenemos un problema: necesito que me vuelva a llenar este documento. Necesito el segundo nombre de su nieta y el suyo; además, este formulario tiene una pésima ortografía y la letra casi no se entiende. Si usted no sabe escribir, pídale a un vecino que la ayude. Yo estoy haciendo milagros. ¡Ayúdeme, señora, para poder ayudarla!

[El Hombre sin manos le regresa el documento a la Abuela.]

Abuela: Vengo a llevarme a mi nieta. Hace quince
        días estoy esperando y no me voy a ir sin ella.

[Silencio]

Abuela: ¡No me voy a ir sin mi nieta!
Hombre sin manos: Lo lamento, señora, pero no la
        puedo ayudar.
Abuela: ¡No me voy a ir sin mi nieta!
Hombre sin manos: Lo lamento, usted vaya e imprima
        otro formulario y viene después de almuerzo o
        el lunes temprano.
Abuela: ¡No me voy a ir sin mi nieta!
Hombre sin manos: ¿Usted me está escuchando? No
        le puedo entregar el cuerpo de su nieta, si no
        me entrega los documentos correctos.
Abuela: ¡No me voy a ir sin mi nieta!
Hombre sin manos: Si usted no se retira, voy a llamar
        a seguridad.
Abuela: ¡No me voy a ir sin mi nieta!
Hombre sin manos: ¿Señora?
Abuela: ¡No me voy a ir sin mi nieta!
Hombre sin manos: ¿Señora?
Abuela: ¡No me voy a ir sin mi nieta!
Hombre sin manos: ¿Señora?
Abuela: ¡No me voy a ir sin mi nieta!

[Silencio]

Hombre sin manos: ¡Está bien! ¡Siéntese! Iremos a buscar el cuerpo de su nieta. Hoy se la va a llevar a su casa.
Abuela: ¡No me voy a ir sin mi nieta!

[Silencio]

Collage de retratos sobre el crimen de las niñas del Hogar Seguro realizado por un colectivo de artistas invitados. Ciudad de Guatemala, 15 de junio de 2017

[Cambio de luz. Entran en escena las tres madres de las tres niñas de papel. Reporteros aparecen en medio de las butacas. Se ven los *flashes* de las fotografías.]

Mamá 1: ¡Nosotras queremos justicia! ¡Estamos aquí para que el asesinato de nuestras hijas no quede impune! ¡Queremos justicia!

Reportero: ¿Quiénes considera que deben ser investigados?

Mamá 2: ¡Todos! ¡Deben ser investigados todos: desde que sucedió lo de la tragedia se debió clausurar ese lugar y se debió capturar a todos! ¡A todos!

Mamá 3: ¡Desde el portero hasta el de la limpieza: todos ellos sabían lo que estaba pasando ahí!

¿Y qué hicieron? ¡Cerraron los ojos, cerraron los oídos y no les importó que nuestras hijas murieran!

Reportero: ¿Por qué estaban sus hijas ahí? ¿Ellas habían cometido algún crimen?

Mamá 3: Las niñas no eran delincuentes. El día siete, ellas alzaron su voz por todo lo que sufrían ahí adentro.

Mamá 1: Le pido al Ministerio Público que siga investigando y que caiga quien deba caer.

Mamá 2: Yo pido que se haga justicia. Tienen que pagar por no sacar a las niñas de ahí cuando se estaban quemando. ¡Ellos tenían la llave!

Reportero: ¿Puede mirar hacia acá? Levante la foto de su hija. ¡Muchas gracias!

Mamá 3: Yo visité a mi hija unos días antes de que esto pasara. Ella me dijo que una monitora le estaba tirando agua, la estaba ahogando como castigo. ¡Esto ya estaba pasando y nadie hizo nada!

Mamá 1: ¡Yo tengo una gran cólera: esto que siento no lo puedo desahogar! ¡Siento una gran cólera aquí en mi pecho! El día martes llegué al juzgado para pedir que me la entregaran y me dijeron «Espérese, señora, hasta el viernes, que ni se le ha dado trámite al memorial». Ellos no le dieron trámite al memorial, me pidieron un memorial, lo pagamos y no hicieron nada. Mi hija fue asesinada y yo sigo esperando que sea viernes. ¡Si me la hubieran entregado, ella no estaría muerta!

Mamá 2: Eso es lo que me da cólera. ¿Qué les estaban haciendo las niñas para que las dejaran quemarse?

Mamá 3: ¡Eso lo hicieron con intención de quemarlas, con esa intención lo hicieron!

Mamá 1: Mi hija había entrado hacía 20 días, no tenía mucho de haber entrado.

Mamá 2: ¿Por qué les dieron fuego?

Mamá 3: ¿Por qué no las auxiliaron?

Mamá 1: ¡Ellas debieron haber gritado!

Mamá 3: Dicen que nadie las quiso sacar…

Mamá 2: Que ahí orinaron y ahí hicieron sus heces porque nadie las quiso sacar…

Mamá 3: Dicen que les gritaron «¡Si son buenas para escaparse, que sean buenas para aguantar el fuego!»

Mamá 1: ¿Quiénes fueron?

Mamá 2: ¿Quiénes quemaron a mi niña?

Reportero: Otra foto, por favor. Ahora, todas mirando hacia el lente. ¡Muchas gracias!

Mamá 3: Lo que a mí me está molestando es la cólera que tengo, porque tengo una gran cólera que no puedo desahogar.

Mamá 1: ¡Que paguen todos!

Mamá 2: ¡Que paguen todos y que sea pareja la cosa!

Mamá 3: ¡Que no haya impunidad! ¡Ahí llegaron todos: monitores, psicóloga, trabajadoras sociales…!

Mamá 1: No hubiera pasado eso, si la gente las hubiera auxiliado.

Mamá 2: ¡Que salvajismo!

Mamá 3: ¡Son unos salvajes!

Mamá 1: ¡Salvajes, eso fueron!

Mamá 2: ¡Fueron unos salvajes!

Mamá 3: ¿Quién va a querer morir quemada?

Mamá 1: ¿Quién va a querer morir quemada?

Mamá 2: ¿Quién va a querer morir quemada?

Mamá 3: ¡Como me dicen allá: que les zampen fuego a ellos!

Mamá 2: ¡Que les metan fuego a ellos!

Reportero: ¿A quién le van a zampar fuego? ¿A los cinco detenidos?

[Silencio]

Mamá 1: Me van a disculpar que les diga esto, pero cuando uno tiene cólera, no se la puede sacar.

Mamá 3: Yo fui a ver los cuerpos y me dijeron: «Pásele, señora, pásele a ver los cuerpos. Busque a su hija. Las niñas están tan peladas que yo no las reconocí».

Mamá 2: ¡Podrán escaparse de la justicia humana, pero no de la divina!

Mamá 3: Es que ella conoció a Dios, fue bautizada. Ella fue una niña buena. Nunca anduvo en pandillas: estaba ahí por rebeldía, porque a veces se le iba a una de la casa, pero nunca fue una criminal y a mí me duele, me duele mucho su muerte.

Mamá 1: ¡Ninguno de ellos tenía el derecho de darles la pena de muerte a las niñas, hayan sido lo que hayan sido!

Mamá 3: Una se enfermó cuando recibió la noticia, vaya a verla al hospital. Busque a su hija.

Mamá 2: ¡Ellas no se merecían esa muerte!

Mamá 1: Nadie hizo caso, todos se hicieron los babosos y se los dijimos.

Mamá 3: Ahí las trataban mal: las manoseaban. Ellos pensaban que no tenían familia.

Mamá 2: Yo quiero denunciar algo: yo pasé 15 días buscando el cuerpecito de mi niña, me mandaban a todos los lugares. ¡Hasta me mandaron a buscarla entre las cenizas! Ella había muerto por el humo tóxico del fuego.

Reportero: ¿Encontró a su hija?

Mamá 2: No. Nadie nos brindó apoyó. Cuando ellos vieron que llegaron más familiares y amigos con abogados, ahí si se apuraron a entregarnos a mi hija.

Mamá 3: ¡Nadie nos ha ayudado! Dijeron que iban a dar ayuda para los servicios funerarios, pero no nos dieron nada.

Mamá 1: A unas personas se la dieron, pero de mala gana.

Mamá 2: Faltan muchos por pagar y esto no va a quedar impune.

Mamá 3: ¡Como madres, no nos vamos a rendir!

Mamá 2: ¡No nos vamos a rendir!

Mamá 1: ¡No nos vamos a rendir!

Mamá 3: Vamos a buscar la manera de ver cómo se hace porque yo no estoy conforme con las capturas, porque faltan muchas monitoras.

Mamá 1: A ellas las despidieron, ¿por qué las despidieron?

Mamá 2: ¿Por qué despidieron a tanta gente del Hogar Seguro?

Mamá 3: ¿Qué esconden? ¿Por qué despiden a la gente que realmente tiene que pagar?

Mamá 1: ¡Por favor, necesitamos que esta gente sea capturada!

Mamá 3: ¡A todos les pedimos que nos apoyen!

Mamá 2: ¡Queremos que todos se den cuenta de lo que pasó!

Mamá 1: ¡Que todos paguen!

Mamá 2: Mi hija me dijo «Mami, sáqueme de aquí. Las monitoras ponen a las demás a que nos peguen».

Mamá 3: Yo corrí para sacar a mi niña, corrí y fui a pedir el expediente. Pagué el memorial para llevármela. Yo la peleé mucho, pero no me la dieron. ¡Si me la hubieran dado, ella se hubiera salvado! ¡Ella tenía moretes en todo el cuerpo, ellos me la mataron!

Mamá 2: A mí me duele lo que le hicieron a mi hija: le quebraron la naricita. ¡Fueron unos animales!

Mamá 1: ¡Qué animales! ¡Qué animales! —con todo respeto— ¿Qué animales hacen esto? Me duele mucho lo que les hicieron.

Mamá 3: Yo le pido a los periódicos y a las noticias información sobre mi hija. Dicen que ella se salvó, dicen que se la llevaron para Estados Unidos, pero nadie me dice nada. Yo quiero

saber si está viva. Y si no lo está, que me entre-
guen su cuerpecito para poder enterrarla.

Reportero: ¿Por qué solicitaron esta conferencia de
prensa? ¿Qué quieren lograr con todo esto?

Mamá 2: Exigimos que este crimen no quede impune.

Mamá 3: Exigimos que ayuden a las que quedaron vivas porque no les han dado nada para el dolor,
porque han abandonado a las familias y a las
niñas no les han dado tratamiento.

Mamá 1: ¡Exigimos justicia!

Mamá 1, 2 y 3 [en coro]: ¿Qué es lo que exigimos?

Mamá 1, 2 y 3 [en coro]: ¡Justicia!

Mamá 1, 2 y 3 [en coro]: ¿Qué es lo que exigimos?

Mamá 1, 2 y 3 [en coro]: ¡Justicia!

[Las mamás se quedan inmóviles en escena. Entran
las niñas y miran a sus madres. También entra la
Bruja, parece reconocer a una de las madres. Las niñas le hablan directamente al público.]

Niña de papel 1: Cuando nos quemaron, mi cuerpo se
hizo cenizas.

[Las niñas de papel arrancan las muñecas que cuelgan
de la telaraña.]

Niña de papel 2: Cuando nos quemaron, fue para si-
lenciarnos.

Niña de papel 3: ¿Qué hacemos con nuestras cenizas?

Niña de papel 2: ¿Mezclan nuestras cenizas con el
polvo y la suciedad de la ciudad?

Niña de papel 1: ¿Las guardamos muy adentro de nuestro pecho, junto a los recuerdos de una sonrisa, de una lágrima y de una despedida?

Niña de papel 3: ¿Que la lluvia lave nuestras cenizas?

Niña de papel 1: ¿Que las tiren al volcán?

Niña de papel 2: ¿Pueden darle mis cenizas a mi abuela? ¡Quiero que ella me abrace otra vez!

Niña de papel 1: ¿Usamos nuestras cenizas para construir un altar?

Niña de papel 2: ¡Nosotras no estamos hechas de papel!

Niña de papel 3: Dicen que el polvo es la piel que constantemente se está desprendiendo del cuerpo humano; si es así, ¿qué es la ceniza de un cuerpo quemado? ¿Nuestro dolor? ¿Nuestro silencio? ¿Nuestra libertad? ¿Nuestra resistencia?

Niña de papel 1: ¿Qué va a pasar con las otras niñas de papel?

Niña de papel 2: Esas que aún no han sido quemadas.

Niña de papel 3: Esas que aún no se han podido escapar, pero que todos sabemos que existen.

[Las niñas queman las muñecas de papel en el altar.]

Niña de papel 1: ¡Nosotras no somos de papel!

Niña de papel 2: ¡Nosotras no somos de papel!

Niña de papel 3: ¡Nosotras no somos de papel!

El dolor solo duerme algunos días; luego, despierta para hacernos recordar que no podemos volver a olvidar.

[La luz lentamente desciende. En escena se vislumbran los personajes iluminados únicamente por la llama del altar, donde se queman las muñecas de papel. Simultáneamente se escucha la conversación en *off* entre una reportera y un hombre que viste de traje.]

Voz en *off* de reportera: ¡Buenas noches y gracias por acceder a esta entrevista! ¡Se le agradece que esté aquí con nosotros!

Voz en *off* de hombre: ¡Muchas gracias a ustedes por la invitación! ¡Gracias por permitirme expresar el dolor que siente todo el país con la tragedia de las 56 niñas! También aprovecho para agradecer a toda la comunidad internacional y a las naciones que han mostrado, a través de distintos medios de comunicación, la solidaridad con nuestro país en esta terrible tragedia.

Voz en *off* de reportera: La solidaridad se siente en toda Latinoamérica. Me gustaría hacer la primera pregunta para empezar con la entrevista: Dicen que fue el Estado, ¿fue el Estado?

Voz en *off* de hombre: ¿Usted pregunta que si fue un crimen de Estado? Si esa fue su pregunta, la respuesta es que no. No fue crimen de Estado. Fue una tragedia, fueron 38 niñas y adolecentes que murieron en la tragedia.

Voz en *off* de reportera: Fueron 41 y 15 aún están graves en el hospital.

Voz en *off* de hombre [evadiendo]: Es importante entender que este dolor que sentimos debe unirnos, unirnos a nivel nacional, fortalecernos como país.

Voz en *off* de reportera: Sí, entiendo. No le preguntaba si fue un crimen de Estado, sino que si fue el Estado: ¿Fue el Estado el responsable de la tragedia? ¿Así lo cree usted o no?

Voz en *off* de hombre: Yo creo que si usted define la palabra «Estado» como todas las instituciones, y como la misma República, podemos decir que sí: el Estado es el responsable de esta tragedia. Todas las instituciones son responsables y nosotros hemos solicitado ayuda internacional, porque nuestras instituciones tienen carencias, tienen graves deficiencias y son responsables en esta tragedia. Si usted dice que es responsabilidad del Estado: ¡Sí! Pero si hablamos de crimen, yo diría que no. La palabra «crimen» es muy violenta y yo le diría que no.

[Cambio de luz. Se observa a la Bruja en el escenario. Se escucha muy bajo la melodía tétrica de la caja musical. La Bruja camina hasta el proscenio.]

Bruja [al público]: Esta historia que hoy escucharon es la historia de las 56 niñas de papel, [Pausa] mi historia. [Lentamente, la Bruja empieza a quitarse las vendas del rostro y deja al descubierto las cicatrices provocadas por las quemaduras.] Nosotras tratamos de huir del dolor. Nos duele recordar, pero tenemos que hacerlo… [Pausa] por las demás, [Pausa] por mí, por las que sobrevivimos. Antes quemaban mujeres en grandes hogueras: a esas que tenían el conocimiento, que escuchaban la naturaleza y que, usando hierbas, curaban a los enfermos. [Pausa] A esas mujeres que quemaban las llamaban «brujas». [Pausa] A nosotras también nos quemaron. Ellos lo hicieron porque quisimos alzar la voz. Nos quemaron porque decidimos pelear, nos quemaron porque luchamos, nos quemaron porque fuimos valientes, nos quemaron porque no nos quedamos calladas. Nos quemaron porque ya no queríamos más torturas ni que nos tocaran… y nos quemaron porque… [Silencio largo] ¿Por qué nos quemaron? [La luz desciende lentamente hasta que queda iluminado únicamente el altar.] Ellos llegan de noche, no son demonios, ni fantasmas y tampoco perros. Entran por las puertas y ventanas, caminan en dos patas, se esconden debajo de nuestras camas para llegar hasta nuestras sábanas. ¡Si ellos entran… jamás se irán! ¡Niñas y niños, si eso les llega a pasar, canten hasta que amanezca, canten tan alto que sean los castillos los que ardan y no ustedes! ¡Canten hasta que no haya impunidad!

[Apagón]

quemaron
enterraron
no cabía
40
LES QUEMARO
SU INFANCIA.

Agradecimientos

Esta obra fue escrita gracias al programa Residencias Centroamericanas y el Caribe, 2017.

Niñas de papel fue un proceso creativo acogido en el Centro Cultural de España en Guatemala y acompañado por el esfuerzo de tantas personas involucradas; gracias a Alba Carrasco, Jesús Oyamburú, Javier Payeras, Eugenia Arriola y César Leonel Petz.

La base de esta investigación fue la gigantesca y valiente labor periodística de Mariela Castañón y Asier Vera: mi cariño, agradecimiento y admiración.

La obra se estrenó el 2 de julio de 2017 y gracias a los actores Jun Baq, Zaira Marleny, Adan Marcelo Solares Barrera, Margarita López, Ana Jacobo y Claudio Padilla Orantes adquirió otras dimensiones, trascendiendo toda norma para ser una voz más en busca de justicia.

Niñas de papel fue llevada a escena por segunda vez de la mano de Yara Contreras, directora guatemalteca, que se arriesgó y creyó en ella.

A Horacio Castrejón, Pavel Ferrer, Eduardo Acosta, Ana Mayoral y Didanwy Kent Trejo por las herramientas para llevar a cabo esta investigación en una ciudad que estuvo a punto de tragarme.

A Norma Villarreal, por abrazarme mientras escribía esta obra.

Y, por supuesto, agradezco a Mariam Priscilla Mora, quien estuvo ahí, en cada letra, en cada frase y silencio. ¡Gracias por sostener la pluma cuando mi mano temblaba!

Finalmente, el agradecimiento a Francisco Javier Martínez Melgar, editor general de la Editorial Cazam Ah, por acoger este texto, materializar las voces y hacerlo realidad. ¡Gracias, Javier, por tomar de la mano este texto, darle un hogar y cuidarlo!

Sobre el autor

Bryan Vindas Villarreal
(Costa Rica, 1989)

Bryan Vindas nació en San José, Costa Rica, en 1989. Inició su carrera en 2009 al debutar como actor profesional en el Teatro Universitario de la Universidad de Costa Rica. Ya con más de diez años de experiencia, ha transitado por los espacios de la dirección escénica, diseño de luces, dramaturgia, intervención del espacio público, *performance*, danza contemporánea, fotografía documental, guion, foto-arte, investigación y docencia. En 2016 aprobó con distinción la Licenciatura en Artes Dramáticas de la Universidad de Costa Rica, en 2018 obtuvo mención honorifica en la Maestría de Artes y Diseño en la Universidad Nacional Autónoma de México.

Su formación y trabajo en artes le ha permitido transitar por las fronteras de la interdisciplinariedad y la transdisciplinariedad. Ha impartido talleres, seminarios, coloquios, conferencias y participado en festivales e instituciones, como la Universidad

Nacional Autónoma de México —UNAM— (en el Festival de Teatro Universitario, la Facultad qué Artes y Diseño, la Facultad de Historia del Arte y la Cátedra Bergman), la Universidad de Costa Rica, el Teatro Mélico Salazar, la Cátedra UNESCO-ITI, el Instituto Nacional de Bellas Artes de México, el Consejo Nacional de Arte de Monterrey (CONARTE), la Universidad de Baja California (Tijuana), el Instituto de Artes de la UAEH (Pachuca), el Instituto Artes del Espectáculo (Argentina), el Centro Cultural de España en Guatemala y el IATI Theater en Nueva York.

El autor se ha especializado en la investigación-creación en artes y ha publicado sus obras y artículos académicos en editoriales, como Aureavisura (UNAM), Paso de Gato (México), Cinetoma (México), Contexto/tipea (Argentina), Revista Index (Ecuador), Editorial La Capilla (México), Editorial Costa Rica y Editorial Tinta en Serie, entre otras.

La trayectoria artística de Bryan Vindasle ha permitido alcanzar premios y reconocimientos nacionales e internacionales, en donde sobresalen el Premio Nacional Aquileo J. Echeverría, 2016 y 2019 (categoría dramaturgia); el Concurso de Dramaturgia Inédita del Teatro Nacional de Costa Rica, 2016 y 2019; el I Concurso Nacional de Dramaturgia Inédita Infantil del Teatro Popular Mélico Salazar, 2017; el Concurso de Teatro Escolar 2018 del Instituto Nacional de Bellas Artes (INBA) en Hidalgo de Pachuca, México; el segundo Concurso Nacional de Dramaturgia Inédita del Teatro Popular Mélico Salazar, 2018; y la beca del Colegio de Costa Rica en 2019, otorgada por el Ministerio de Cultura y el Proartes (COVID-19) en 2020.

Recientemente, su obra *¿De qué color es la lluvia?* fue elegida para participar en el festival Cimientos 2021 del IATI Theather en Nueva York. Finalmente, su trabajo ha sido expuesto en varios países, como Brasil, Argentina, Ecuador, Panamá, Costa Rica, Guatemala, México, Estados Unidos y España.